佛教三字經

佛教初學課本

無始終 無內外 強立名 為法界
迷則凡 悟則聖 真如體 須親證

楊仁山居士 改編
（明）吹萬老人 原著
（清）印光法師 修訂

自敍

釋教三字經者。明季吹萬老人效世俗訓蒙之書而作也。敏修長老爲之註釋。流傳二百餘年矣。頃者普陀印光法師從而新之。正文改十之三。註釋改十之七。原本編爲兩排者。改而爲一排。考據精詳。文辭圓潤。超勝舊作。而題名之處。不將重訂者列於其次。可謂坦然忘我者矣。予不揣固陋。率爾改作。與新舊二本迥不相同。事畧而法備。言簡而義周。人有勸予易其名者。因名之爲佛教初學課本云。

光緒三十二年春二月石埭楊文會仁山氏識時年七十

佛教初學課本註

石埭楊文會仁山述

法界

無始終　時劫遷流。皆是衆生妄見。證道之人。長劫入短劫。短劫入長劫。故知無始終也。

無内外　一塵現法界。法界入一塵。何内外之有。

强立名　本無可名。爲化衆生。强安名耳。

爲法界　卽有之空。卽空之有。一法不立。萬法齊彰。

法界性 眞妄平等同一體性。

卽法身 十界同具。無有差別。

因不覺 以不達一法界故。心不相應。

號無明 忽然念起。名爲無明。

空色現 楞嚴經云。晦昧爲空。空晦暗中。結暗爲色。又云。空生大覺中。如海一漚發。有漏微塵國。皆依空所生。

情器分 有情世間。器世間。由此建立。

三世間　幷正覺世間。是謂三世間。

從此生　從如來藏變爲阿賴耶。從阿賴耶變起根身器界。又從轉阿賴耶而顯如來藏。則成正覺世間。所謂無不從此法界流。無不還歸此法界也。

迷則凡　迷之則爲六凡。

悟則聖　悟之則爲四聖。

眞如體　無有可遣。以一切法悉皆眞故。亦無可立。以一切法皆同如故。

須親證 唯證乃知難可測。若以思惟心推求。如取螢火爇須彌山。終不能著。

釋迦佛生

證者誰 隨分證入者則不問。專問證入究竟者是爲誰耶。

釋迦尊 釋迦牟尼如來爲三界獨尊。是賢劫千佛中第四佛也。

大悲願 諸佛因地皆以大悲願力。而行菩薩道。

示誕生 釋迦應迹從兜率天。退降神迦維羅衛國。父名淨飯。母名摩耶。處胎十月。從右脅生。名爲薩婆悉達。在周昭王二十四年四月八日也。○此是應身佛八相成道。一從兜率天退。二入胎。三住胎。四出胎。其餘四相。詳在下文。大乘見佛在母胎中。住大寶樓閣。度無量衆生。故有住胎相。小乘不見。

處王宮求出離。

悉達太子在王宮中。種種技藝。迥超凡流。五欲之樂。無不具備。十九歲時。遊觀四門。見老病死生厭離心。忽遇沙門。生欣慕想。遂欲出家。父王防衛嚴密。

夜踰城。人不知

淨居諸天。令彼軍士綵女。悉皆昏睡。至夜半時。太子乘馬。四天王捧馬足。踰城而去。人不覺知。遂得剃髮易服而爲沙門。○此是第五出家相。

入雪山。修苦行

既出家已。五年遊歷。徧訪諸仙。種種論議。知非正道。遂入雪山。日食一蔴一麥。勤修苦行。

六年間。習寂定

在雪山中。結跏趺坐。先學不用處定。三年。知非。遂捨。又學非想定。三年。知非。亦捨。

從定起。出山來

卽出雪山。詣尼連河。沐浴受食。時年已三十矣。

坐樹下。心鏡開

菩提樹下。有金剛座。賢劫千佛。皆坐此座。入金剛喻定。

天龍喜

諸天龍王。歡喜讚歎。大興供佛。

魔膽落

魔王波旬。見其宮殿。無故隳裂。先遣魔女媚之。再遣魔軍怖之。皆不能動。魔王震懾。舉衆降服。○大乘有住胎。無降魔。小乘有降魔。

無住胎乃大小二乘所見八相成道之異也。

覩明星。成正覺

忽覩明星。廓然大悟。卽成無上正覺。歎曰。奇哉。一切衆生。具有如來智慧德相。但以妄想執著。不能證得。若離妄想。一切智。無師智。自然智。卽得現前。○此是第六成道相。

啓大教。說華嚴

佛初成道。首演大法。是謂第一時教。

塵刹海。現寶蓮

華嚴會上。佛現法界無盡身雲。住華藏莊嚴世界海。有佛刹微塵數大寶蓮華一時出現。身刹互融。無盡重重。重重無盡。惟法身大士方能見之。

愍凡愚。不能聽

凡小之機。不見不聞。如來愍之。爲說小法。

隱尊特。顯劣應

尊特者。剎塵相好之身也。佛非隱顯。隱顯隨機耳。劣應者。丈六身也。在色究竟天所現之高大身。名爲勝應身。教化菩薩。居鹿野苑。現丈六身。教化凡夫二乘。若是圓機。見此丈六。卽見無盡相好之身。

說阿含第二時

阿含經。後人集爲四部。增一阿含。中阿含。長阿含。雜阿含也。一一部內。有多種經。

四諦法。接小機

苦集滅道四諦。爲接小機而說。

證四果。出生滅

修聲聞法。證入四果。以爲究竟。卽阿羅漢是也。旣證此果。生滅滅已。寂滅爲樂。

演方等

第三時教。彈偏斥小。歎大褒圓。卽維摩楞伽等經是也。

破法執

二乘但破人我執。出分段生死。佛說方等經。破法我執。出變易生死。入菩薩地。

第四時。談般若

般若如大火聚。觸著卽燒。般若如清冷水。滌除塵垢。佛說此法。燒之滌之。令一切世間法出世間法究竟清淨。其經卽八部般若等是也。

二乘轉。教菩薩

般若會上。羅漢弟子當機請法。佛爲廣談般若妙諦。令其轉教菩薩。此是法華會上佛付家業之先導也。

開顯圓。法華會

第五時說法華經。開權顯實。爲純圓之教。

學無學。得授記

三果已還。皆名有學。唯第四果。名爲無學。他經唯菩薩蒙佛授記。法華經授聲聞記。不但無學。卽有學亦蒙授記。誠爲希有。授記者。佛記弟子當來成佛。名字若何。國土若何。法住時劫等事。聞者慶幸無量。

涅槃經。最後說

說法華後。卽說涅槃。通爲第五時教。卽是臨涅槃時所說也。

顯眞常

眞常不變。是名涅槃。

扶戒律

佛勅弟子以戒爲師。戒律精嚴。則佛法能久住也。

五時教。如是說

釋迦如來一代聖教。天台判爲五時。如上文所說。

亦融通　通而言之。五教中隨一一教。皆徧五時。所謂一切時中說圓融無盡法。皆名華嚴教。說聲聞法。皆名阿含教。乃至說會三歸一之法。皆名法華教。餘可類推。

亦分別　別而言之。佛初成道。三七日中說華嚴經。十二年說阿含經。八年說方等經。二十二年說般若經。八年說法華經。一日一夜說涅槃經。共成五十年說法度生也。○以上三十二句。是第七轉法輪相。

化道圓　化度衆生之道。圓滿具足。

歸眞際　攝末歸本也。

雙樹間。吉祥逝

佛在拘尸那城娑羅雙樹間。右脅而臥。默然示寂。右脅名爲吉祥。是時大地震動。日月無光。雙林變白。江湖枯涸。人天號泣。聲震大千。〇是爲第八入涅槃相。

闍毗後。分舍利

依法闍毗。凡火皆不能燃。佛從胸中自發聖火。乃能化盡。得舍利八斛四斗。遵佛遺囑。分爲三分。諸天得一分。龍王得一分。八大國王共得一分。八王均分。阿闍世王得八萬四千粒。藏恆河中。作千歲燈供養。

阿育王。變古制

佛滅度後一百年。天竺有鐵輪王。名曰無憂。卽阿育王也。取阿闍世王所藏舍利。分佈南洲。

碎寶末。造浮圖

碎七寶末。造八萬四千塔。

役鬼神。徧閻浮

役使鬼神。徧閻浮提同時安置。在震旦國有十九處。此時所能見者。唯明州鄮山一處耳。

優塡王。始造像

佛昇忉利天爲母說法。三月安居。優塡王渴仰如來。無由得見。發意造像。目連尊者攝三十二匠昇天瞻視。佛光耀目。乃至池側。令匠觀水中影。凡三返。像始造成。後佛從天而下。像自出迎。佛摩頂記之。

令後人。修供養

自此以後王臣士庶造佛像者。不可勝數。去佛久遠。能於像前供養瞻禮。皆優塡王發起之力也。

結集三藏

大迦葉。命阿難。結集經。石窟間

摩訶迦葉集諸比丘得神通者。悉詣耆闍崛山畢鉢羅窟。

結集法藏。無令斷絕。阿難未得漏盡。拒而不納。後證阿羅漢果。乃能入會。

脩多羅。是經藏

迦葉尊者先命阿難結集經藏。契理契機。故名契經。

毗奈耶。是律藏

次命優波離結集律藏。止惡修善。如世法律。

阿毗曇。是論藏

復命阿難結集論藏。問答決擇諸法性相。故名論也。

正法隆

三藏教典流傳世間。能令正法常住不滅。

外道喪

佛教盛行於世。西竺九十五種外道。漸漸消亡。利根者轉邪歸正。而證道果矣。

藏分三

藏即含藏之義也。謂經律論三。各含文理。故名三藏。

部十二

一曰長行。直說法相。隨其義理長短。不以字數爲拘也。二曰重頌。應前長行之文而重宣其義。天竺八字成句。四句爲偈。翻譯華文。或五字句。或七字句。各隨其便。三曰授記。如來爲諸菩薩聲聞。授成佛記。四孤起。不頌長行。直說偈句。亦四句爲一偈。五曰無問自說。如來以他心智觀衆生機。而自宣說。六曰因緣。如來所說一切根本緣起之事。七曰譬喻。如來假譬喻以曉示之。令人開解。八曰本事。說諸菩薩弟子因地所行之事。九曰本生。說佛菩薩本地受生之事。十曰方廣。大乘方等經典。其義廣大。猶如虛空。十一曰未曾有。現大神變不思議事。十二曰論議。問答辯論諸法之事。以上十二部經。亦名十二分教。或有一經只具一分。或有兼數分。具足十二分者。則未之見也。

遇有緣。作佛事

如來以平等大悲普度衆生。衆生受化因緣千差萬別。因緣不具者。佛在當處。不聞不見。佛滅度後。三藏十二分敎流佈世間。遇有緣者。即能作如來度生之事業也。

大法東來

漢明帝。夢金人。求聖敎。遣蔡愔

東漢明帝永平七年。帝夢金人身長丈餘項有圓光。飛至殿庭。旦問羣臣。太史傅毅奏曰。臣覽周書異記。載昭王時。有五色光入貫太微。太史蘇由奏曰有大聖人生於西方。故現此瑞一千年後聲敎及此。王勒石記之。陛下所夢。將必是乎。帝納其言。即遣中郎將蔡愔等十八人。往西域求佛法。

騰蘭來。經像至

愔等至中天竺月氏國。遇梵僧攝摩騰竺法蘭二人。奉佛經像。返至洛京。館於鴻臚寺。後建精舍因白馬馱經而來。因名之爲白馬寺。

初譯經。四十二

最初譯出四十二章經。是爲法寶流傳震旦之始也。

道教徒。興惡念。請焚經。爲試驗。道經燬。佛經全。光熾盛。耀人天

五嶽道士褚善信等千二百人上表。求試眞僞。帝許之。乃築三臺。分置釋道經典。舉火焚之。道經頃刻俱燼。佛經光燄煥發。纖毫無損。攝摩騰竺法蘭踊身虛空而說偈曰。狐非師子類。燈非日月明。池無巨海納。邱無嵩岳榮。法雲垂世界。法雨潤羣萌。顯通希有事。處處化羣

生。道士中六百餘人皈依佛教。

善男女。皆生信。求出家。期現證

司空劉峻等二百六十人。京師士庶三百九十人。後宮陰夫人王婕伃并綵女等一百九十人。見此神異俱求出家。期於現證聖果也。

建十寺。安僧尼

明帝許可。勅建十寺。城外七寺安僧。城內三寺安尼。

三寶備。始於茲

住世三寶。從此備矣。

十宗

溯源流。知宗派

佛爲本源。後學爲流派。各家所宗不同。所謂歸元無二路。方便有多門也。

宗有十。分小大

略舉十宗。有小乘。有大乘。下文詳述。

成實宗

成實宗。六代盛。高僧傳。可爲證

如來滅後九百年中。訶梨跋摩取諸部所長。作成實論。釋成三藏中之實義。姚秦鳩摩羅什譯出。震旦諸師多造章疏見於高僧傳。後代式微矣。

俱舍宗

俱舍宗。陳至唐。五代後。漸微茫

世親菩薩造俱舍論。在聲聞對法藏內最爲精妙。陳眞諦三藏譯出。幷作疏釋之。佚失不傳。唐玄奘法師重譯三十卷。門人普光作記。法寶作疏。盛行於世。有專門名家者。遂立爲一宗焉。至五代後。學者競習禪宗。俱舍一門置之高閣矣。

此二宗。是小乘

成實。俱舍。

律小大

十誦四分等。是小乘。梵網瓔珞等。是大乘。

七大乘

禪宗。天台宗。賢首宗。慈恩宗。三論宗。密宗。淨土宗。

禪宗

傳心印。爲禪宗

佛之心印。卽是般若波羅蜜。五祖令人誦金剛般若經。六祖稱爲學般若菩薩。皆以般若爲心印也。後人名爲禪宗。是出世間上上禪。言語道斷。心行處滅。始有少分相應。

佛拈花。迦葉通

世尊在靈山會上。拈花示衆。是時衆皆默然。唯迦葉尊者破顏微笑。世尊曰。吾有正法眼藏。涅槃妙心。實相無相。微妙法門。不立文字。教外別傳。付囑摩訶迦葉。○問曰。如來心印。獨付迦葉。何也。答曰。佛在世時。悟道之人。佛爲印證。佛滅度後。若無正傳。恐落偏邪。故以迦葉爲初祖。次第相傳。幷付衣鉢表信。世人悟道。必受祖師印證方可自信。列祖住世。雖悟道弟子。如蔴似粟。而付法傳衣。必待其人。可見三十三代祖師。皆於靈山會上一時印定矣。

授阿難。爲二祖

次第承。皆可數

第十二。號馬鳴

光明佛。若校其因。八地菩薩。

造起信。大乘興

阿難尊者多聞第一。持佛法藏。乃迦葉以別傳之旨授之。蓋以二門不相離也。載在付法藏因緣傳。茲不具述。

應佛懸記。於六百年時。生於中印度。摧伏外道。興隆正法。繼富那夜奢尊者之後。而紹祖位。若剋其本。大

馬鳴大士宗百部大乘經。造起信論。以一心二門。總括佛教大綱。學者能以此論爲宗。教律禪淨。莫不貫

通。轉小成大。破邪顯正。允爲如來眞子矣。

十四祖。名龍樹

唐譯楞伽經。如來懸記云。未來世當有持於我法者。南天竺國中大名德比丘。厥號爲龍樹。能破有無宗。世間中顯我無上大乘法。得初歡喜地。往生安樂國。魏譯楞伽亦同此文。龍樹菩薩證得初地。傳佛心宗。又生安樂國。承事阿彌陀佛。禪宗後學。可不以此爲法乎。

入龍宮。華嚴遇

華嚴經。亦名大不思議經。尊者入龍宮。見有三本。上本有十三千大千世界微塵數偈。一四天下微塵數品。中本有四十九萬八千八百偈。一千二百品。此二本皆非閻浮提人心力能持。乃誦下本十萬偈。四十八品而出。

傳世間。法雨澍

返至人間。寫成梵筴。五天竺國。方知有華嚴經出現於世。僧俗二衆奉爲至寶。龍樹菩薩造大不思議論十萬偈。釋華嚴經。今所傳十住毗婆娑論。卽是彼論釋十地中初之二地。又造

造諸論。施甘露

無畏論十萬偈。中論出其中。又造釋摩訶衍論。闡揚馬鳴菩薩起信論云該攝百洛叉契經奧義。勉後學研究也

廿八祖。達摩尊。來東土。示性眞

菩提達摩尊者。南天竺國香至王第三子也。姓刹帝利。得法於般若多羅尊者。承師遺命。泛海達廣州。在梁普通元年。刺史表聞於朝。武帝迎至金陵。帝問曰。朕造寺寫經度僧不可勝紀。有何功德。答曰。並無功德。此但人天小果有漏之因。如影隨形。雖有非實。帝曰。如何是眞功德。答曰。淨智妙圓。體自空寂。如是功德。不以世求。帝又問如何是聖諦第一義。答曰。

廓然無聖。帝曰。對朕者誰。答曰。不識。帝不悟。祖知機不契。遂渡江居洛陽。止於嵩山少林寺。面壁而坐。人莫能測。後世稱爲東土初祖。

離文字。要親證。

達摩尊者。見東土有大乘氣象。應時而來。專接利根上智。令脫名言習氣。識自本心。見自本性。直下與諸佛無異。此是頓超之法。非小機所能領會也。

有慧可。得心印。

二祖慧可。原名神光。武牢姬氏子。少通世典。長習竺墳。出家後。善大小乘。定中見神人指示南詢。得參初祖於少林。勤懇備至。莫聞誨勵。冬夜侍立。積雪過膝。繼而斷臂求法。祖始易其名曰慧可。問曰。我心未寧。乞師與安。祖曰。將心來與汝安。良久曰。覓心了不可得。祖曰。我與汝安心竟。後付袈裟。以表傳法。卽說偈曰。吾本來茲土。傳法救迷情。一花開五葉。結果自然成。又曰。有楞伽經四卷。亦用付汝。卽是如來心地要門。令諸衆生開示悟入。○不立文子。是一種方便。若執爲定法。則自誤誤人矣。當知摩訶迦葉。承佛付囑爲第一祖。至佛滅後。卽以結集法藏爲當務之急。及其傳心。不傳之他人。而傳之多聞總持之阿難。後來世世相承。莫不造論釋經。宗說兼暢。達摩西來。得其傳者爲精通內典之慧可。儻慧可未通教義。豈能識達摩之高深哉。及至六祖。始示現不識文子之相。以顯無上道妙。要在離言親證。非文字所能及也。後人不達此意。輒以不識字比於六祖。何其謬哉。不觀夫達摩隻履西歸乎。魏主聞而啓棺。僅隻履存焉。其表法之意。殆以宗教兩門。傳於東土者只一門耳。否則宋雲所見之相。豈無所表而然哉。當時宋雲問達摩何處去。答曰。西天去。誌公已說達摩是觀音化身。所云西天去者。卽阿彌陀佛極樂世界也。觀其付法之後。幷付楞伽。其方便善巧。豈凡情所能測耶。

傳僧璨。爲三祖

二祖在北齊時。有一居士。年踰四十。不言姓氏。來問祖曰。弟子身纏夙恙。請和尚懺罪。祖曰。將罪來與汝懺。士良久曰。覓罪了不可得。祖曰。與汝懺罪竟。宜依佛法僧住。祖知是法器。卽爲剃髮受具。命名僧璨。疾亦漸愈。執侍二載。付以衣法。

信心銘。超今古

後住舒州皖公山。往來於太湖縣司空山。作信心銘六百言。流傳於世。

第四祖。名道信。知無縛。解脫竟

道信爲沙彌時。謁三祖曰。願和尚慈悲。乞與解脫法門。祖曰。誰縛汝。曰無人縛。祖曰。何更求解脫乎。信於言下大悟。服勞九載。祖試以玄微。知其緣熟。乃付衣法。信蘄州人。姓司馬氏。後住蘄春破頭山。

五祖忍

祖名宏忍。黃梅人也。前生爲破頭山栽松道者。請於四祖曰。法道可得聞乎。祖曰。汝已老。脫有聞。其能廣化耶。儻若再來。吾尚可遲汝。乃去。至水邊。乞浣衣女子寄宿。女歸而孕。父母大惡。逐之。後生一子。棄港中。明日見其泝流而上。氣體鮮明。驚異育之。童時遇四祖。祖問曰。子何姓。答曰。姓卽有。不是常姓。祖曰。是何姓。答曰。是佛性。祖曰。汝無姓耶。答曰。性空故無。祖默識其法器。卽令出家。付以衣法。

居黃梅東山上道場。恢 繼四祖住破頭山。後遷黃梅東山。宗風大振。

第六祖名慧能。 姓盧。嶺南新州人。家貧。鬻薪供母。聞人誦金剛經。問所由來。遂往黃梅參五祖。祖驗知根性太利。令入碓坊舂米。人稱盧行者。經於八月。祖勅會下各述一偈。以表心得。上座神秀題壁曰。身是菩提樹。心如明鏡臺。時時勤拂拭。莫使惹塵埃。盧行者聞之。亦作一偈。請張別駕書於秀偈之側。偈曰。菩提本無樹。明鏡亦非臺。本來無一物。何處惹塵埃。

傳衣鉢

祖潛詣碓坊。示以密機。盧卽三鼓入室。祖付囑心傳。幷受袈裟。盧問法則既受。衣付何人。祖曰。昔達摩初至。人未之信。故傳衣以明得法。今信心已熟。衣乃爭端。止於汝身不復傳也。是夜南邁。衆莫之知。

道大行

六祖既至嶺南。隱於四會獵人隊中。經十五載。一日至廣州法性寺。夜聞風颺刹旛。二僧對辯。一曰旛動。一曰風動。祖曰。不是風動。不是旛動。仁者心動。一衆竦然。乃集諸名德。爲祖剃髮。授滿分戒。昇座說法。聞者傾心。別傳之道。由此大行。

六祖下二禪師。

得法弟子。見於記載者。四十三人。其中最顯著者有二大德。

南嶽讓

懷讓禪師。金州杜氏子。由嵩山往曹溪禮六祖。祖曰。何處來。曰嵩山。祖曰。什麼物恁麼來。曰說似一物卽不中。祖曰。還可修證否。曰。

修證卽不無。汙染卽不得。祖曰只此不汙染。諸佛之所護念。汝旣如是。吾亦如是。後往衡嶽。居般若寺。

青原思

行思禪師參六祖。問曰。當何所務。卽不落階級。祖曰。汝曾作什麼來。曰。聖諦亦不爲。祖曰。落何階級。曰。聖諦尚不爲。何階級之有。祖深器之。後住吉州青原山靜居寺。

南嶽下。一馬駒。踏殺人。偏寰區

道一禪師。漢州什邡縣人。姓馬氏。故俗稱馬祖。習定於衡嶽。遇讓和尚。發明大事。先是六祖謂讓曰。西天般若多羅讖汝足下出一馬駒。踏殺天下人。馬祖應讖而出。住洪州開元寺。得法弟子八十餘人。分化十方。水潦和尚初參馬祖。問如何是西來的的意。祖曰。禮拜著。師纔禮拜。祖乃當胸踏倒。師大悟。起來拊掌呵呵大笑曰。也大奇。也大奇。百千三昧。無量妙

義。祗向一毫頭
上。識得根源去。

靑原下。一石頭。石頭路。滑似油

南嶽石頭希遷禪師。端州陳氏子。在曹溪薙染。得法於青原。衡山有石。狀如臺。乃結庵其上。時號石頭和尚。著參同契二百餘言行世。鄧隱峯辭馬祖。祖曰。甚麼處去。曰。石頭去。祖曰。石祖路滑。曰。竿木隨身。逢場作戲。便去。纔到石頭。卽繞禪牀一帀。振錫一聲。問。是何宗旨。石頭曰。蒼天蒼天。峯無語。卻回。舉似祖。祖曰。汝更去。問。待他有答。汝便噓兩聲。峯又去。依前問。石頭乃噓兩聲。峯又無語。回舉似祖。祖曰。向汝道石頭路滑。

分五家。派各別

僧問天隱修禪師。如何是臨濟宗。師曰。怒雷掩耳。如何是潙仰宗。師曰。光含秋月。如何是曹洞宗。師曰。萬派朝源。如何是雲門宗。師曰。乾坤坐斷。如何是法眼宗。師曰千山獨露。

臨濟宗

馬祖傳百丈。百丈傳黃檗。黃檗傳臨濟義玄禪師。住鎭州滹沱河側。是謂臨濟宗。

行棒喝

臨濟問黃檗。如何是佛法的的大意。檗便打。如是三問。三度被打。後參大愚。得悟黃檗宗旨。卻回黃檗。機鋒迅捷。檗便打。師便喝。以後接人。棒喝交馳。師云。有時一喝如金剛王寶劍。有時一喝如踞地師子。有時一喝如探竿影草。有時一喝不作一喝用。世人稱爲臨濟四喝。

玄要分

師云。大凡演唱宗乘。一句中須具三玄門。一玄門須具三要。有權有實。有照有用。汝等諸人作麼生會。

賓主別

四賓主者。賓看主。主看賓。主看主。賓看賓。皆是辨魔揀異。知其邪正。

人與境奪不奪

師曰。我有時奪人不奪境。有時奪境不奪人。有時人境俱奪。有時人境俱不奪。後學稱爲四料揀。

潙仰宗

百丈傳靈祐禪師。住潭州潙山。潙山傳慧寂禪師住袁州仰山。是謂潙仰宗。

示圓相。暗機投。義海暢

仰山於躭源處受九十七種圓相。後於潙山處因○相頓悟。乃云。我於躭源處得體。潙山處得用。賓主酬答。或畫(牛)相。或畫(佛)相。或畫(人)相。或畫(卍)相。有暗機。有義海。種種變現。人莫能測。

曹洞宗

石頭傳藥山。藥山傳雲巖。雲巖傳良价禪師。住瑞州洞山。洞山傳本寂禪師。住撫州曹山。是謂曹洞宗。

傳寶鏡

雲巖晟禪師以寶鏡三昧授洞山。洞山付曹山。皆是悟道後。以此證心。祕密相傳。不令人知。被人盜聽。方行於世。

定君臣。行正令

洞山立五位君臣以爲宗要。幷作五頌申其大旨。

雲門宗

石頭傳天皇。天皇傳龍潭。龍潭傳德山。德山傳雪峯。雪峯傳文偃禪師。住韶州雲門。是謂雲門宗。

顧鑒咦

師逢僧必特顧之。曰鑒。僧擬議。則曰咦。門人錄爲顧鑒咦。

一字關。透者希

師因學人來問。每以一字答之。時人謂之一字關。罕有知其旨趣者。

法眼宗

雪峯傳玄沙。玄沙傳羅漢。羅漢傳文益禪師。住金陵淸涼院。是謂法眼宗。

明六相

華嚴初地中六相義。師嘗舉示學人。謂眞如一心爲總相。出生諸緣爲別相。法法皆齊爲同相。隨相不等爲異相。建立境界爲成相。

不動自位
爲壞相。

禪與教。無兩樣

幷說三界唯心。萬法唯識。以融宗教。山堂讚曰。重重華藏交參。一一網珠圓瑩。風柯月渚。顯露眞心。煙靄雲林。宣明妙法。云云〇佛學之高。莫如禪宗。佛學之廣。莫如淨土。禪宗揀根器。淨土則普攝。今時尚禪宗者輕視淨土。豈知馬鳴龍樹現身說法。早已雙輪齊運矣。蓋禪宗所最難處。在不受後有一著。儻死生不能自由。則隔陰之迷決不能免。就生平所見所聞。確有證據。從僧中來者。歷歷可數。上焉者。定境時時現前。眼中靜夜發光。讀書過目不忘。作文倚馬可待。而勸其學佛。決不肯從。此何故也。蓋前生參禪有得。一味掃除佛見法見。掃得淨盡。自以爲超佛越祖矣。僅轉一世。已至於此。再轉幾世。何堪設想。下焉者。當用功時。強制妄念。過捺其心。如石壓草根芽潛萌。及至來世。雜染習氣一時頓發。貪財好色之心。倚修行勢力。過人百倍。庸福享盡。死入三塗。豈修因時所逆料哉。亦有不受人身而生天道者。美則美矣。其如報盡何。是等皆由未諳教義發長劫修行之願。欲以一生了事。自謂捨報之後。常住涅槃。而不知剎那之間。已受後有矣。然則如之何而可也。是在隨根授法耳。利根上智方可學教外別傳之法。至徹悟心源後。仍須看教念佛。期生淨土。以免退墮。追隨永明楚石諸公。豈不偉歟。中下之機。唯應依教勤修。不可妄希頓悟。法不投機徒勞無益。欲習禪定。有天台止觀可學。次第禪。圓頓禪。行之均能獲益。究極而言。必以淨土爲歸。所謂百川異流同會於海也。

律宗

既明宗 傳佛心印。名之爲宗。五家綱要。略說如前。

須知律　戒律爲持身之要。學者不可不知。

持五戒　不殺生。不盜。不淫。不妄語。不飲酒。

本乃立　爲一切戒法之根本。

爲沙彌。持十戒　即前之五戒。加第六不著香華鬘。不香塗身。第七不歌舞倡伎。不往觀聽。第八不坐高廣大牀。第九不非時食。第十不捉持生像金銀寶物。

比丘僧。具足戒。戒二百。又五十　詳在四分戒本。茲不具述。

尼增百。戒始足

比丘尼三百五十戒。詳在四分比丘尼戒本。以上僧尼二衆具戒。須出家後從律師傳授。非可預知。

梵網戒。制菩薩。重有十。輕四八

梵網經中。說十重戒。四十八輕戒。制諸菩薩受持。是謂盧舍那佛所授金剛寶戒。

律門祖。優波離

尊者在佛座下。先受戒品。十大弟子中持戒第一。

承佛印。肅清規

佛印尊者爲衆綱紀。

先束身。次攝心

尊者自云。我以執身。身得自在。次第執心。心得通達。

然後身心一切通利。卽證圓通矣。

得圓通。證道深

唐道宣。精毘尼

京兆錢氏。梁祐律師之後身也。出家後。戒律精嚴。著述甚富。諸天送食衛護。詳載天人感通傳。師住終南山。後人稱爲南山宗。

大小乘。咸總持

律有大小二乘。宣公以小乘律釋通大乘。立爲圓宗戒體。

宋元照。繼其後

餘杭唐氏。專學毗尼。博究南山一宗。住西湖昭慶寺。結蓮社。嘗云生宏律範。死歸安養。平生所得唯二法門。先後主靈芝寺三十年。時人稱爲靈芝大師。

著述多。善分剖

宣公所著律門典籍元照剖晰精微。輔翼流傳。今從海東得來。律學其再興乎。

既明律。須研教

天竺僧規。切出家者。五年學律。五年學經。始入下座。道業增進。昇爲中座再加增進。昇爲上座方能綱紀後。學。

辨權實。判大小

權實莫辨。大小不分。則觸途成滯。何能通經。下文所列闡教諸宗。皆可爲後學準繩也。

天台宗 一名法華宗

北齊朝。有慧文

北齊擾亂之時。姓里失考。

讀中論。得其精

師讀龍樹菩薩中論偈云。因緣所生法。我說卽是空。亦名爲假名。亦名中道義。遂悟入三觀旨趣。

祖龍樹。立三觀。空假中。歸一貫

空觀順眞諦。假觀順俗諦。中觀順第一義諦。或用次第三觀。從假入空。從空入假。從空假入中道。或用通相三觀。一空一切空假中皆空。一假一切假空中皆假。一中一切中空假皆中。或用一心三觀。一念心中。三觀具足。此三種。後後勝於前前。

傳弟子。南嶽思

名慧思。世稱思大禪師。武津李氏子。梁時人。依慧文禪師。悟入法華三昧。及旋陀羅尼門。後居南嶽勝境。

止觀法。萬世師

所著大乘止觀。中土失傳。宋時由海東傳來。後人奉爲圭臬。

第三世。有智者

名智顗。隋帝稱爲智者大師。生荊州華容陳氏。十八出家師事慧思禪師。誦法華經。至藥王品。曰是眞精進。是名眞法供養如來。卽悟法華三昧。獲一旋陀羅尼。見靈山一會儼然未散。後住天台山。

演教觀。判高下

以五時八教。判釋東流一代聖教。罄無不盡。分晰半滿權實。最爲精當。

藏與通

一小乘三藏教。專接小機。二通教。通前藏教。通後別圓。

別與圓

三別教。獨菩薩法。別前二教。別後圓教。四圓教。圓伏。圓信。圓斷。圓行。圓位。圓自在莊嚴。圓建立衆生。

此四教。至今傳

此名化法四教。另有化儀四教。頓漸祕密不定是也。又藏通別圓。一一教中。分爲六卽。所謂理卽。名字卽。

觀行卽。相似卽。
分證卽。究竟卽。

談性具善惡兼　台教主張性具法門。謂自性本具善惡等法。方能造十界因果。若非性具。則不能造。他宗專主性善。台宗兼性惡而言。以性惡通於十界。是與他宗迥別處。

百界如。有三千　一心具十法界。一一界中。各具十界。是謂百界。百界之中各有十如。是謂千如。五陰一千。衆生一千。國土一千。共成三千世間。以此爲能觀。以此爲所觀。則成三千妙境。十界者。四聖六凡也。十如者。出法華經。所謂諸法如是相。如是性。如是體。如是力。如是作。如是因。如是緣。如是果。如是報。如是本末究竟等。

此一派。號天台

因智者大師住天台山得名。

宗法華。佛慧開

以法華經爲宗。開示悟入佛之知見。有法華玄義釋籤。文句記。止觀輔行。世人稱爲台宗三大部。

賢首宗 一名華嚴宗 一名法界宗

華嚴經最尊勝

華嚴爲諸經之王。無盡教海。皆從此經流出。

初傳來。在東晉

梵僧佛陀跋陀羅在廬山。承遠公之意。往天竺求經。得華嚴前分三萬六千偈返晉。譯於揚州謝司空寺。凡六十卷。

杜順師是文殊

師姓杜。名法順。號帝心。雍州萬年縣人也。生時有乳母來求哺養。滿三月。騰空而去。年十五。代兄統兵。中途竭薪水。師以桶水束薪供給十萬軍。用之不盡。十八出家。地神捧盤承髮。神異衆多。不勝枚舉。年八十四。入宮辭太宗。昇太階殿。化於御座。先時有門人。辭往五臺禮文殊。及至山麓。遇老人告曰。大士已往長安教化衆生去也。問爲誰。曰杜順和尚是。遂兼程而返。至則前一日化去矣。

闡華嚴。盤走珠

自華嚴譯出二百餘年。通其義者代不乏人。未若大士之圓轉自如也。嘗作法界觀。以二千餘言總括華嚴奧旨。投巨火中。一字無損。遂感華嚴海會菩薩現身讚歎。

第一傳。得智儼

別號雲華和尚。住終南至相寺。故稱至相尊者。依杜順和尚學華嚴經。盡得蘊奧。年二十七。遇異僧教尋華嚴十地中六相義。豁爾貫通。

作搜玄記十卷。

作華嚴略疏五卷。每卷分本末。為十卷。題名於大方廣佛華嚴經中搜玄分齊通智方軌。後人稱為搜玄記。並作十玄門。五十要問答。孔目章。以申其義。

第二傳是賢首

名法藏。康居國人。別號國一法師。從儼公研究華嚴。武后建太原寺。命京城大德為師薙染。授滿分戒。勅住太原寺。講華嚴經。

探玄記。世希有

承搜玄之後。發揮盡致。為時所宗尚。傳至高麗。元曉法師命弟子分講。盛宏此宗。其餘章疏多種。闡揚一

乘妙義。華嚴法
門由此大行。

清涼疏。釋新經

清涼國師。名澄觀。定大休。越州會稽人也。武后時實
叉難陀重譯華嚴經四萬五千偈。成八十卷。世人稱
為新經。賢首既作探玄記釋晉譯竟。復疏新經。僅及數品而逝。後二十
七年。清涼乃生。及其作疏。全依賢首模範。得非賢首國師乘願再來乎。

幷作鈔。博而精

大疏二十卷。隨疏演義鈔四十卷。今以疏鈔合於經
文。作二百二十卷。精深淵博。為世所珍。又有隨文手
鏡一百卷。久已失傳。疏貞元新譯華嚴經四十卷
之全文。隱而不見者六百餘年。今復出現於世。

小與始

初小教。佛為小機不堪聽受大法。故說四諦十二因緣以引導之。
令其證得阿羅漢辟支佛果。二大乘始教。分為二門。一空宗。明一

切皆空。以破法執。二相宗。明萬法唯識。以融心境。

終與頓

三終教。亦名實教。明如來藏心。二乘闡提悉當成佛。四頓教。別爲一類離念機故。說一念不生卽名爲佛。

至於圓

五圓教。一位卽一切位。一切位卽一位。依普賢法界。性相圓融。主伴無盡。身刹塵毛。交徧互入。故名圓教。

五教振

賢首立此五教。以頓教攝禪宗。以圓教該華嚴。較他宗立教更爲完備。故當時從之者衆也。

四法界

一者事法界。謂諸衆生色心等法。一一差別。各有分齊故。二者理法界。謂諸衆生色心等法。雖有差別。而同一體性故。三者理事無礙法界。謂理由事顯。事攬理成。理事互融故。四者事事無礙法界。謂一切分齊事法。稱性融通。一多相卽。大小互容。重重無盡故

十玄門

一者同時具足相應門。如海之一滴。具百川味。二者廣狹自在無礙門。如一尺之鏡。見千里影。三者一多相容不同門。如一室千燈。光光涉入。四者諸法相卽自在門。如金與金色。不相捨離。五者祕密隱顯俱成門。如秋空片月。晦明相並。六者微細相容安立門。如琉璃之瓶。盛多芥子。七者因陀羅網境界門。如兩鏡互照。傳曜相寫。八者托事顯法生解門。如擎拳豎臂。觸目皆道。九者十世隔法異成門。如一夕之夢。翺翔百年。十者主伴圓明具德門。如北辰所居。衆星皆拱。

豎六相

一者總相。二者別相。三者同相。四者異相。五者成相。六者壞相。一卽具多爲總。多卽非一爲別。互不相違爲同。彼此不濫爲異。一多緣起和合爲成。諸法各住本位爲壞。

義最純　杜順雲華二祖。總括華嚴奧義。演出種種法門。精妙絕倫。

因該果。果徹因　因該果海。果徹因源。

攝萬法。歸一眞　統攝萬法。歸一眞性。

圭峯密　華嚴第五祖。名宗密。住圭峯草堂寺。故稱圭峯禪師。果州西充人也。契荷澤之道。後得清涼所撰華嚴疏鈔。慶快平生。遂承清涼法脈。後人稱爲

疏圓覺　爲沙彌時。授經得圓覺。讀之。心地開通。義天朗耀。後作疏釋經。成一家獨步。

大鈔詳。小鈔略

大疏三卷。大鈔十三卷。略疏兩卷。小鈔六卷。後人以萬言爲一卷則卷數衆多矣。

此一派。賢首宗

開宗判教至賢首而大備。故以賢首名宗。

亦行布。亦圓融

說行布法。圓融即在行布之內。說圓融法。行布即在圓融之中。非但不相礙。亦不相形。智眼觀之行布圓融皆假名耳。

慈恩宗

一名法相宗一名唯識宗

唐玄奘。遊西域

師表請往西域求經。帝不許。遂私遁出關。備歷艱苦。始抵印度。

學瑜伽。祖彌勒

瑜伽師地論。彌勒菩薩造。無著菩薩昇兜率天。請彌勒菩薩降世傳授。但聞其聲。不見其形。流傳西竺。未達東土。奘公特往求之。

依戒賢。大論師

西竺稱爲正法藏。居那蘭陀寺。座下萬衆。然公經依之居上首十人之列。

親傳授。歷年時

依戒賢學瑜伽。歷五年之久。

歸長安

往返之間。已十七年矣。

傳窺基

尉遲敬德之猶子也。從奘公出家。英敏絕倫。深得奘公之道。

通因明。善三支

奘公譯瑜伽論未畢。有僧盜聽。歸而宣講。門人以告。奘曰。彼雖能講。未通因明。不足取也。乃以因明傳於窺基。基師善用三支比量之法。能立能破。盜聽者無如之何矣。三支者。宗。因。喻也。廣如因明論說。

成唯識作述記

成唯識論。西竺作者有十家。基師乃啓奘公。欲擷十家之精華。糅成一部。奘公許之。基師自任纂輯之事。而成此書。故梵篋中無此本也。又以平時所聞於師者。多西竺口授之義。作爲述記。以釋論文。

破邪宗。伸正義

此書一出。邪宗盡破。正義全伸。釋門之偉烈也。

有現量

無分別智。了法自相。名眞現量。有分別智。於義異轉。名似現量。

有比量　藉相觀義。有正智生。名眞比量。虛妄分別。不能正解。名似比量。

究竟依。聖教量　聖教所說現量比量。印證無違。方可自信。

偏計執　偏染淨法上。執我執法。故名偏計所執性。屬非量。

依他性　依他衆緣而起。故名依他起性。屬比量。

二者離。圓成證　遠離依他及偏計執。識心圓明。入圓成實性。屬現量。卽是眞如自性也。

此一宗。號慈恩　因玄奘法師住慈恩寺得名。

先談相。後顯眞

相不自相。全從識變。識不自識。全依性起。相識俱空。不眞何待。

三論宗 一名性宗一名空宗一名破相宗

三論宗傳最古。秦羅什。來茲土

鳩摩羅什。龜茲國人。東晉太元七年。秦主苻堅遣將迎師。至姚興時始抵秦。爲譯經師。宏三論宗。

眞空義。爲第一

般若。爲諸佛母。顯第一義空。一切賢聖。莫不由此門而得解脫也。

羣弟子。競傳習

道生。僧肇。道融。僧叡。曇影。惠觀。道恆。曇濟。皆羅什門下高弟。並習此宗。生公所著論議。與禪宗相同。惜已亡失。肇公諸論。至今傳誦。人謂達摩未來以前。通達性宗者。實出羅什之門也。

曰中論

有五百偈。龍樹菩薩造。青目菩薩釋。破二邊之見。顯中道之理。

曰百論

有百偈。提婆菩薩造。正破外道。傍破自餘。

十二門

此論有十二觀門。龍樹菩薩作偈自釋。並破小乘外道。正顯大乘深義。

爲三論

三部均是宗經論。若加大智度論。卽爲四論。智論是釋經論。釋大品般若經故。

唐吉藏

姓安。先世安息人。後遷金陵而藏生焉。爲道生法師五傳弟子。講三論一百餘徧。法華大品智論華嚴維摩等。各數十徧。曾住會稽嘉祥寺人稱嘉祥大師。

施大功。三論疏。傳海東

嘉祥作三論疏四十萬言。傳於海東。今已取來。惟十二門論缺前之二門。聞海東刊板時已無全本矣。

法藏釋。十二門。宗致記。至今存

唐法藏。卽賢首國師。作十二門論宗致義記。卷帙安全。可補嘉祥之缺。今已刻板流行矣。

密宗 一名眞言宗天竺屬灌頂部

善無畏至長安

中印度人。事達摩掬多爲師。通達密敎。受灌頂法。遵掬多之命。入唐行道。於開元四年。齎梵筴始居長安。適符玄宗之夢。

唐一行。受眞傳

一行禪師。姓張。鉅鹿人。久依善無畏三藏。盡得其傳。神異顯著。

作疏釋大日經

毗盧遮那佛。密宗稱爲大日如來。善無畏三藏譯大毗盧遮那成佛神變加持經七卷。一行筆受。密宗稱爲大日經。一行作疏二十卷。又作釋十四卷。共六十萬言。皆從三藏口授之義。而纂集成文者也。

眞言敎始得明

後之學密敎者。皆以大日經疏釋爲宗。凡稱神變疏鈔者。卽此本也。

金剛智　南印度人。開元七年。泛海達廣州。行道作法。皆著奇驗。翻譯祕密經典多部。

及不空　北印度人。依金剛智爲師。盡傳其道。

接踵來。廣流通　以上四尊者。皆宏密教。神異超羣。當時君臣士庶奉之若佛。

灌頂法。不輕授。非法器。轉獲咎　受灌頂法者。毗盧遮那五智灌頂。頓入佛乘。非具金剛種性。不能傳受。

立禁令。自明始。祕密宗。勅停止　去聖遙遠。人情澆漓。能受此法者。甚爲難得。明時特申禁令。不准傳授密教。恐非其人。反有害於法門也。佛制建壇行道。若非金剛阿闍黎傳授。卽名盜法。

淨土宗 一名蓮宗

晉慧遠 姓賈氏。雁門樓煩人。博極羣書。尤善老莊。爲道安法師之高弟。

住匡廬 見廬山間曠。可以息心。立精舍。感山神闢地輸材。因名其殿曰神運。卽東林寺也。

結蓮社。德不孤 師專倡淨土法門。道俗皈依者日衆。共結蓮社。得一百二十三人。同願往生極樂國土。

魏曇鸞 雁門人。家近五臺。歷觀聖跡。發心出家。念世壽短促。欲求仙術以永其年。渡江而南。訪陶隱居。盡得其傳。

修妙觀

還至洛中。逢天竺三藏菩提留支。問以長生之道。留支曰。此方何有不死之法。縱得成仙。終受輪轉。乃以觀經授之曰。此眞不死法也。鸞遂焚仙方而修妙觀。作往生論註二卷。支那蓮宗著述。推爲巨擘。

生品高。瑞相現

臨終之日。華蓋幢旛。高映庭宇。異香芬郁。天樂盈空。人皆見之。知其生品最高也。

唐道綽

姓衛。并州汶水人。十四歲出家。講大涅槃經二十四徧。景慕曇鸞淨土之業。繼其後。塵住玄中寺。道俗赴者彌衆。講觀無量壽佛經將二百徧。瑞應甚多。不可具述。著有安樂集二卷。現行於世。

暨善導

不知何處人。見西河綽禪師九品道場。講誦觀經。大喜曰。此眞入佛之津要也。長安道俗受化往生者不可勝數。人見其念佛一聲。

有一光明從口中出。百聲千聲。亦復如是。著有觀經疏。及各種淨土典籍傳世。

唱專修。爲妙道

綽善二公提唱專修。其言曰。修餘行業。多劫方成。唯此法門。速超生死。誠爲蓮宗要訣也。

此法門。三經說

大藏之中專說彌陀淨土者。有三部經。

大經該

無量壽經二卷。人稱爲大本。說彌陀因地修行。果滿成佛國土莊嚴。攝受十方念佛衆生。往生彼國等事。該括無遺。所攝之機。通於聖凡。凡位具攝三輩。除五逆誹謗正法。其餘均爲所攝。可謂廣矣。

小經切

阿彌陀經一千八百餘言。人稱爲小本。略說西方淨土依正莊嚴等事。令人執持名號。一心不亂。卽得往生。最爲切要。此經所攝揀除小善根福德因緣。
唯攝一類純篤之機。

觀經語。最驚人。許五逆得往生

觀無量壽佛經攝機最廣。十惡五逆臨終苦逼十聲稱名。卽得往生。或疑十惡五逆之人。善根全無。佛云何接。答曰。卽五逆中已可見夙世善根矣。若不見佛。不能出佛身血。若不與羅漢相遇。不能殺阿羅漢。若非自身出家。不能破和合僧。既能出家見佛見阿羅漢。然後五逆方能具造。其夙世善根正非淺尠。所以聞教囘心。其力甚大也。唯誹謗正法者。自生極重障礙。雖聞善知識教。亦不信教。倘能聞卽信服。痛自懺悔。亦得往生。但謗法而能改悔者。實難中之難。是故經文略而不說。○一切衆生本源性地。與十方諸佛無二無別。雖造極重惡業。受無量苦報。而本性未嘗染也。一念囘光。如來悉知悉見。以同體大悲攝歸淨域。決非業力所能牽纏。世人云帶業往生者。隨情之言耳。實則善惡因果。皆如空花。空本無花。捏目所成。豈有業之體相。爲亡人所帶而往生淨土者哉。

三藏教所不攝

徧尋教典。唯華嚴經隨好光明功德品。阿鼻獄中夙根成熟。蒙光頓超。觀經下品下生。罪大惡極。能於急迫之際。脫離極苦。往生極樂。一切教典所未曾說也。

佛願力。誠難測

彌陀願力。非但凡小不能測度。卽多劫修菩薩道者亦不能知。

一稱名。衆罪滅

至心稱彌陀名號一聲。能滅八十億劫生死重罪。何況淨念相繼。長時無間也。

臨終時。佛來接

彌陀光明。徧照十方念佛衆生。攝取不捨。衆生淨眼未開。不能知見。至臨終時。意根命根齊斷。後念未起。

剎那之間佛現在前。卽脫三界火宅矣。

下中上。根不齊

衆生品類。萬別千差。彌陀願力平等無二。千句萬句。卽是一句。前句已滅。後句未生。當念一句。剎那不住。念佛之心。不緣過去。不緣未來。但緣現前

一句佛。同生西

一句。以爲往生正因。此是萬修萬人去之法也。久久純熱。能緣之心忽然脫落。無念而念。念卽無念。卽名理一心。生品更高。

旣生西。皆不退

此土修行。難進易退。隔陰之迷。言之可怖。修習信心。必經萬劫。入初住位。方得不退。具縛凡夫。一生淨土。卽得不退。所以超勝他宗也。

親見佛。得授記

見佛遲速。在乎此生修行之巧拙耳。既得見佛。聞法歡喜。證無生忍。卽蒙佛授記。得授記已。囘入娑婆。慈悲度世。圓滿種種波羅蜜門。證入種種菩薩智地。何有一法能出此宗之外耶。

淨土宗。眞簡要

差別中之平等。各宗一致。平等中之差別。各宗不同。求其至簡至要者。無過此宗。他宗難而此宗易。他宗緩而此宗速。能不擇其易而速者行之。而以一門攝一切法門耶。

協時機

法運盛衰。古今易致。當今之世。求其協時逗機者。無如此法。

妙中妙

佛法無一不妙。而淨土法門。尤衆妙中之最妙也。○問曰。佛法平等。君獨稱讚淨土。何也。答曰。今時有識者。莫不以學堂爲重。取喩而言。西方淨土。是極大學堂耳。彌陀接引十方衆生往彼就學。供給飲食衣服。不需學費。不定人數。不限年時。其地界廓徹無邊。其建立長遠無極。入其校者。無論何等根器。至證入無生忍時。爲初次畢業。或在彼土進修。或往他方教化。均隨其願。自此以後。歷十住十行十回向三賢位滿。將入初地時。爲第二次畢業。再從初地以去。至等覺後。即證入妙覺果海。爲第三次畢業。此論次第門。若論圓頓門。一修一切修。一證一切證。圓頓次第。互攝互融。極而言之。十方三世種種教法。無一不備。是故一切諸佛。莫不讚歎。奈何世人流浪生死之中。頭出頭沒。不求出離。其愚爲何如耶。

懺法

上十宗。已說完　結上起下

懺悔法。更須探

普賢行願品。懺除業障文云。過去世中。所作惡業。無量無邊。若此惡業有體相者。盡虛空界不能容受。末云。我此懺悔無有窮盡。學者愼勿以此生未造惡業而不修懺悔法也。

慈悲懺

東土懺法。此爲最古。後人呼爲梁皇懺。

何人集

徵問也。

誌公等。高僧十

寶誌禪師與高僧。十人共集此懺。

梁武帝。心至誠。度故妻。脫蟒形

蕭梁武帝之原配郗夫人。嫉妒爲因。死墮蟒類。現形宮中訴之於帝。求脫苦果。帝請高僧撰集懺法。建壇行道。後見郗氏冠服來謝。云仗懺力已生天矣。

唐悟達

名知玄。姓陳。眉州人。唐懿宗封爲悟達國師。

有夙業

師在漢時爲袁盎說景帝殺晁錯以謝七王。晁錯死後。世世欲報此讎。以盎十世爲高僧。不得其便。

人面瘡。生於膝

至唐時。師膺帝王寵遇。榮幸念起。怨家得便。遂附其膝而爲人面瘡。痛不可忍。

遇神僧。爲洗寃

師憶嚮時。調護癩僧。供給備至。僧臨別囑曰。子後有難。可往西蜀茶籠山相尋。至是往訪之。僧出而相迎。告以所苦。僧曰。巖下有泉。明旦濯之卽愈。

三昧水。澆卽瘥

黎明引至泉所。瘡作人言。具述夙因。且曰。蒙迦諾迦尊者。洗我以三昧之水。從此不與汝爲寃矣。掬水一澆。其瘡卽愈。回顧僧寺已失所在。

作水懺。後世傳

因作慈悲三昧水懺法三卷傳之後世。

如法行。利無邊

世人但能至誠懺悔。解寃釋結。捷如影響。此懺及前文所述梁皇懺。并依佛經所集各種懺法。皆是利生之寶筏也。

諸法

爲學者須知法。世間法。出世間法。略說萬法。廣說無量。

染與淨　隨生死流。名染法。六凡法也。逆生死流。名淨法。四聖法也。

善分別　智慧觀察。捨染還淨。方是修行之正軌也。

五蘊

色受想。幷行識　色卽質礙。受卽領納。想卽思想。行卽遷流。識卽了別。初一是色。後四是心。

此五蘊　蘊者積聚義。亦名五陰。陰卽蓋覆義。總名積集有爲。蓋覆眞性也。

本空寂

心經云。照見五蘊皆空。度一切苦厄。先以色不異空。空不異色。色卽是空。空卽是色四句。顯色蘊空。次云受想行識。亦復如是二句。例四蘊空。旣五蘊皆空。則當處寂滅矣。

六根

眼耳鼻舌身意

眼能見。耳能聞。鼻能齅。舌能嘗。身能覺。意能知。

此六根

根卽能生之義。以能生六識。故有浮塵根。勝義根之別。浮塵根者。眼如葡萄朶。耳如新卷葉。鼻如雙垂爪。舌如初偃月。身如腰鼓顙。意如幽室見。勝義根者。卽如來藏性。顯發妙用。寄於六根。而能見聞齅嘗覺知也。

應須記　當知浮塵根因四大假合而成。若非勝義根。卽同死人。

六塵

色聲香。味觸法　色謂明暗質礙等。聲謂動靜美惡等。香謂通塞香臭等。味謂鹹淡甘辛等。觸謂離合冷暖等。法謂生滅善惡等。

此六塵　塵卽染汙之義。以能染汙情識。而使眞性不能顯發故。又名六賊。以能刼奪一切善法故。

亦須識　識得塵卽是賊。不被他染汙刼奪。則賊爲我用。能以六塵而作佛事矣。

十二處

前六根。與六塵。十二處。常相親

處者方所也。言根在內。塵在外。眼唯對色。耳唯對聲等。各有一定方所。若融歸眞性。則無方所可得矣。亦名十二入。以內六根。外六塵。互相涉入故也。

十八界

根塵接。有六識

眼識。耳識。鼻識。舌識。身識。意識。

十八界。從此立

界者。各成界限也。六根爲內界。六塵爲外界。六識爲中界。眼根色塵內外相對。於其中間生於眼識。則成三界六根六塵相對而生六識。則成十八界。若融歸眞性。則無界限可得矣。

轉八識成四智

末那識。爲第七。阿賴耶。第八識。八種識。爲心王

上文六識。眼耳鼻舌身。爲前五識。意爲第六識。末那爲第七識。卽染汙意也。阿賴耶爲第八識。卽含藏識。去後來先作主公者也。此八種識。名爲心王。以染淨諸法。由此而生。故上明八識。下明四智。

轉成智。性發光

如來藏性。爲識所障。其光不顯。若轉成四智。則性地發光矣。下列四智名。

大圓鏡　轉第八識爲大圓鏡智。

平等性　轉第七識爲平等性智。

妙觀察　轉第六識爲妙觀察智。

成所作　轉前五識爲成所作智。

此四智。一心圓　四智皆從一心圓現。

八識轉。體用全　八識未轉。體用狹劣。八識旣轉。體用全彰。大圓鏡智。體也。餘三智。用也。○問。楞嚴經中說五陰六入十二處十八界之後。卽說七大。此中何以不說。答曰。雖不列七大名。而七大已具足矣。下文世界相中地水火風空。卽是五大。上文之六根。卽是根大。八種識。卽是識大。若再標出。便成賸語。

三身

曰法身　梵語毗盧遮那。此云徧一切處。法身佛也。

曰報身　梵語盧舍那。此云淨滿。報身佛也。

曰應身　一曰化身。梵語釋迦牟尼。此云能仁寂默。應身佛也。

是三身　世人但知應身。不知法報二身。故見解狹劣。不能領會全體大用。必須透徹三身之義。方可與談此道也。

自受用　謂諸如來。內智湛然。照眞法界。盡未來際。常自受用廣大法樂。

他受用　爲他機所感。而現此身。謂諸如來。由平等智。爲十地菩薩。現大神通。轉正法輪。令他受用大乘法樂。

一報身。說二用　因自他受用。說爲自報身。他報身。

胎生身　卽八相成道之身。八相者。從兜率天退。入胎。住胎。出胎。出家。成道。轉法輪。入於涅槃。

變化身　無而忽有。種種異相。

此二種皆應身。 應衆生根。隨緣示現。

約爲三 法身。報身。應身。

開爲五 法身。自報身。他報身。胎生身。變化身。

相無定。隨機覩 法身無相可見。菩薩見報身。隨位增進。相好轉勝。二乘凡夫見應身。隨於六道各見不同。

五眼

有肉眼 假父母氣血所成。卽人中能見之眼。見近不見遠。見前不見後。見內不見外。見晝不見夜。見上不見下。因有色質障礙故也。

有天眼

諸天因修禪定而得此眼。遠近。前後。內外。晝夜。上下。皆悉能見。以無色質障礙故也。

有慧眼

二乘之人。以所得慧眼。觀一切法皆空。不見有衆生相及滅一切異相。捨離諸著。不受一切法也。

有法眼

菩薩爲度衆生。以淸淨法眼。徧觀一切諸法。能知能行。亦知一切衆生種種方便門。令修令證也。

幷佛眼

佛具前四眼之用。無不見知。如人見極遠處。佛見則爲至近。人見幽暗處。佛見則爲顯明。乃至無事不見。無事不知。無事不聞。聞見互用。無所思惟。一切皆見也。

名五眼

人只一種。天具二種。二乘具三種。菩薩具四種。佛具五種。

見所見皆無限　別而言之。肉眼見現前色。天眼見障外色。慧眼見眞空。法眼見俗諦。佛眼見第一義諦。似有分限。通而言之。皆無分限。何則。五眼皆是如來藏中。性見覺明。覺精明見。淸淨本然。周徧法界。所以十信位中。父母所生肉眼。徹見大千世界。能見所見皆無限量矣。

六通

天眼通　能見六道衆生死此生彼苦樂之相。及見一切世間種種形色。無有障礙。

天耳通　能聞六道衆生苦樂憂喜語言。及世間種種音聲。

他心通　能知六道衆生心中所念之事。

宿命通

能知自身一世二世三世乃至百千萬世宿命。及所作之事。亦知六道衆生各各宿命。及所作之事。

神境通

身能飛行。山海無礙。於此界沒。從彼界出。於彼界沒。從此界出。大能作小。小能作大。隨意變現。神通自在。

漏盡通

漏卽三界見思惑也。阿羅漢斷見思惑盡。不受三界生死。是名漏盡。

聖與凡。各不同

外道鬼神天仙。凡通也。聲聞緣覺菩薩如來。聖通也。凡位除漏盡。只有五通。各各大小不同。聖位具六通。唯菩薩。不證漏盡。隨位淺深。神通各別。

四諦

曰苦集　苦卽生死苦果。集卽惑業苦因。此二者世間法也。

曰滅道　滅卽涅槃樂果。道卽道品樂因。此二者出世間法也。

四諦法　四法通名諦者。審實不虛。聲聞法也。

須尋討　誠令衆生。厭苦斷集。慕滅修道。離苦得樂也。

十二因緣

自無明。至老死　無明緣行。行緣識。識緣名色。名色緣六入。六入緣觸。觸緣受。受緣愛。愛緣取。取緣有。有緣生。生緣老死。此十二因緣。亦名十二有支。緣覺法也。學初後。以該中間耳。

十二因。爲緣起

一曰無明。亦名煩惱。二曰行。謂造作諸業。此二支。乃過去所作之因也。三曰識。謂起妄念初託母胎也。四曰名色。從託胎後。生諸根形也。五曰六入。於胎中而成六根也。六曰觸。出胎後六根對六塵也。七曰受。謂領納世間好惡等事。此五支乃現在所受之果也。八曰愛。謂貪染五欲等事也。九曰取。謂於諸境生取著心也。十曰有。謂作有漏之因。能招未來之果。此三支。乃現在所作之因也。十一曰生。謂受未來五蘊之身也。十二曰老死。謂未來之身既老而死。此二支。乃來世當受之果也。此十二因緣。該三世因果。展轉因依。互爲緣起。無有休息。

順流轉

衆生順之。爲流轉門。

逆還滅 緣覺逆之。爲還滅門。

當處空。無分別 菩薩見其本性空寂。無流轉還滅之可得。故心經云。無無明。亦無無明盡。乃至無老死。亦無老死盡。

六度

布施度 梵語檀那波羅蜜。此云布施到彼岸。言布施度者。省文也。有三種。一財施。二無畏施。三法施。行施者。治慳貪也。

持戒度 梵語尸羅波羅蜜。此云持戒到彼岸。戒有三聚。一攝律儀戒。二攝善法戒。三饒益衆生戒。持戒者。治雜染也。

忍辱度 梵語羼提波羅蜜。此云忍辱到彼岸。忍有三種。一耐他怨害忍。二安受衆苦忍。三法思勝解忍。行忍辱者。治嗔恚也。

精進度

梵語毗梨耶波羅蜜。此云精進到彼岸。精進有三種。一擐甲精進。二攝善法精進。三饒益有情精進。行精進者。治懈怠也

禪定度

梵語禪那波羅蜜。此云靜慮到彼岸。禪有三種。一世間禪。二出世間禪。三出世間上上禪。修禪定者。治散亂也。

智慧度

梵語般若波羅蜜。此云智慧到彼岸。般若有三種。一文字般若。二觀照般若。三實相般若。修般若者。治愚癡也。

自他苦。從此度

既能自度。又能度他。離苦得樂。莫不由此道也。又有說十度者。從第六度開出四度。七曰方便度。八曰願度。九曰力度。十曰智度。或疑智度與般若度有何分別。答曰。第六根本智。第十差別智。開之則爲十。約之仍爲六。要以第六爲宗本法也。

四無量心

慈與悲　慈名愛念。卽與樂之心。悲名愍傷。卽拔苦之心。

喜與捨　見之離苦得樂。其心悅豫。名之爲喜。於所緣衆生。無憎愛心。名之爲捨。

四無量　所緣衆生既無量。能緣之心亦無量。

稱聖者　此卽菩薩利益衆生之廣大心也。

涅槃四德

曰常樂　窮三際而無改。曰常。在衆苦而不干。曰樂。

曰我淨　處聖凡而莫拘。曰我。歷九相而非染。曰淨。

此四德。涅槃證　如來所證。故名涅槃四德。

十界

有情界。說六凡　三惡道。三善道。輪迴不息。說名有情世間。

三途苦。須先論　論平聲。三途。卽三惡道。先論者。令人聞而生畏。速求出離也。

曰地獄　八大地獄。皆受火燒亦名八熱。次則八寒地獄。又有小地獄。其數衆多。皆是五逆十惡謗法衆生所生。○問曰。今時旣以大地爲圓球。此等地獄。當在何處。答曰。八寒地獄。應在兩極。彼處半年爲晝。半年爲夜。堅冰成山。高崖深谷。人不能至。地獄衆生。在彼受苦。至日出時。橫繞地平而轉。漸漸轉漸高至二十餘度。冰山因融化而移動。有時相觸。則成合山地獄。至於八熱及無間等獄。應在地球之內。蓋地球裏面。有堅固石殼。殼內大火充滿。火中有流質。如烊銅。如沸鐵。卽是受苦衆生灌口灸身之物也。此汁隨火山溢出。變而爲鐵石。黑色光亮。統地球而論。火山不下數百處。歷歷可驗也。

曰餓鬼

種類甚多。略說有三十六。廣說無量。皆是慳貪衆生所生。

曰畜生

此道種類極多。經中說有三十四億差別。約而言之。不出飛禽走獸鱗介昆蟲等類。以衆生雜業感果而生其中。

苦無比

地獄極苦。餓鬼次之。畜生又次之。皆非言語所能形容也。

曰天道

欲界六天自下向上說。四王天。忉利天。夜摩天。兜率天。化樂天。他化天。色界四禪。初禪三天。梵衆天。梵輔天。大梵天。二禪三天。少光天。無量光天。光音天。三禪三天。少淨天。無量淨天。徧淨天。四禪九天。福生天。福愛天。廣果天。無想天。無煩天。無熱天。善見天。善現天。色究竟天。無色界四天。空無邊處。識無邊處。無所有處。非非想處。三界共二十八天。欲界諸天放逸過度。天王示以未來世苦。聞者竦然。色界依禪定住。報盡亦受輪轉。無想是外道天。力盡決定墮落。唯無煩以上。名五不還天。修聖道者之所寄托。至於無色四天。或成鈍阿羅漢。或窮空不歸。迷漏無聞。轉入輪回而不自覺。

曰人道

人有八苦。生時苦。老時苦。病時苦。死時苦。怨憎會苦。愛別離苦。求不得苦。五陰熾盛苦。若能知此八苦。早求出離。則念佛往生之心。萬牛莫挽矣。

曰脩羅 梵語阿修羅。此云非天。福力等天。而無天德。爲多瞋慢故。又有稱五道而不列脩羅者。以脩羅攝於四趣也。楞嚴經云。從卵而生。鬼趣所攝。從胎而出。人趣所攝。因變化有天趣所攝。因溼氣有畜生趣攝。

樂事少 諸天防退。人多憂惱。脩羅多瞋。道眼觀之。何者而可樂耶。

曰聲聞 入道次第。從五停心。四念處。以至四加行。而證四果。初果須陀洹。二果斯陀含。三果阿那含。四果阿羅漢。名無學位。聲聞之極果也。

曰緣覺 亦名辟支佛。觀十二因緣而證道果。居聲聞之上。出有佛世。名爲緣覺。出無佛世。名爲獨覺。

取滅度。爲獨樂 斷見思惑盡。證有餘無餘涅槃。出三界分段生死。居方便有餘土。

曰菩薩　凡夫發四宏願。精勤向道。直至十信位。名凡夫菩薩。漸教行人。從十住以去。直至等覺位。名菩薩。菩薩圓頓行人。從十住初心。便成正覺。自此以去。位位圓修。三十二應。隨機示現。名佛菩薩。

曰如來　亦名婆伽梵。極果之稱。共有十號。如來。應供。正徧知。明行足。善逝。世間解。無上士。調御丈夫。天人師。佛世尊。

撫衆生。如嬰孩　諸佛菩薩。觀衆生。猶如一子。常以大悲水。饒益衆生。願一切衆生。同成正覺。

此四聖　聲聞。緣覺。菩薩。如來。

幷六凡　天。人。阿脩羅。地獄。鬼。畜生。

爲十界。一性合　十種法界。不出眞如自性。

器世間

既論身　上文說十界正報。

須論土　下文說依報。經中言土者。卽所住之世界也。

土爲依　土爲所依。

身爲主　身爲能依。

四大洲

東弗于逮。此云勝身。南閻浮提。此云勝金。亦名南瞻部洲。西瞿耶尼。此云牛貨。北鬱單越。此云勝處。亦名北俱盧洲。

共鐵圍

四大部洲。在須彌山四面。大鹹水海中。外有鐵圍山圍之。

七金山

一雙持山。二持軸山。三擔木山。四善見山。五馬耳山。六象鼻山。七持地山。

繞須彌

七重金山。七重香水海。圍繞須彌山。須彌山高八萬四千由旬。四王天居山腰。忉利天居山頂。

爲大地

一須彌山。四大部洲。大海鐵圍。共成大地。

風力持

大地之外。皆是虛空。無所依傍。爲風力所持。而得安住。

水火金。不相離

水輪。火輪。金輪。互相依持。成此地輪。

水輪含。十方界

楞嚴經云。寶明生潤。火光上蒸。故有水輪。含十方界。

性流動。如何載

旣云含十方界。則八方上下無不徧矣。水是流質。豈不散入空中。何能常附於地。

業力持。得自在

乃衆生業力所持。水能含裹十方。不至散漫無歸也。

風金摩。火現彩

經云。風金相摩。故有火光。爲變化性。此相摩而生之電氣偏於寰宇。激則現出火光。近北極處有時見半圓光彩。照耀空中。名北方曉。最爲奇觀。變化性者。以電氣最能變化物質故也。此非上蒸之火。蓋上蒸之火在地內。有時地裂而出。則爲火山。聲震天地。

燼灰漫空而下。熱汁奮迅而流。埋沒城市。斃人無算。古時發現者火燄至今不息。近時又有幾處發現矣。

經云。阿那律見閻浮提。如觀掌中菴摩羅果。

菴摩果。比閻浮

果體圓圓如毬。彼上下。與四週。人與物。如何留

地圓如毬。則上下四週。人物如何安住。今時環遊地球之人。向東而去。則從西歸。向西而去。則從東歸。是地形果爲圓球矣。始知羅漢天眼早已見之。佛偶然一說。令後人知種種形狀。皆隨衆生意樂所聞。如來未嘗指爲定相也。

楞嚴經。祕密說。善會通。不可執

楞嚴經文。隱含地球之意。當知佛語。皆是活句。若執此非

彼。則自生窒礙矣。○或問今時地球之說。與釋典逈異。何也。答曰。世界形狀。皆是衆生同業妄見。猶如幻化。無有定實。佛出世時。隨衆生機感而爲說法。印度婆羅門教先行於世。所說地形。是日月繞彌山環照四大部洲之境界。佛若改變其說。則是以世界爲實有矣。世界如果實有。當現華藏時。此濁惡世界置於何所。若同處。則相礙。若異處。則相形。蓋華藏現時。娑婆卽隱。業道衆生。仍見娑婆而不見華藏。法身大士普見華藏而復見娑婆。互相涉入無雜無障。可知依正二報。如幻如化。了無質礙也。邇來地球之說。世人信以爲實。遂疑佛經所說爲非。而不知楞嚴經中早已隱而言之。經文深密善巧。後人若會其意。自能行住坐臥。如處虛空。不作質礙想。幷不作虛空想矣。○問。須彌山如何理會。答曰。君不聞芥子納須彌。須彌納芥子之言乎。須彌既能納於芥子之內。須彌不小。芥子不大。而法身菩薩親見須彌入芥子中。會得此意。則須彌山王顯於大海。正是妙明心中所現影像。忉利四王諸天。何一而非性色眞空。性空眞色之所發現。執爲實有者墮凡夫見。執爲實無者墮外道見。離此二見。心境脫然。

日與月。繞虛空

肇論云。日月麗天而不周。雖運行不息而未嘗動也。

不墮落。誰之功

楚辭天問之意也。

有過去

過去如夢。了無朕迹。

有現在

現在如電。刹那不停。

有未來

未來如雲。欻爾而起。

三世改　妄念遷流。故有去來之相。眞心絕待。本無今古之殊。華嚴經云。一念普觀無量劫。無去無來亦無住。如是了知三世事。超諸方便成十力。金剛經云。過去心不可得。現在心不可得。未來心不可得。會此意者。方不被三世轉。而能轉三世矣。又華嚴經中說十世。賢首十世章中廣明。

南與北。西與東　四正

幷四維　東南。西南。東北。西北。謂之四隅。

上下通　四正。四隅。爲八方加上下通爲十方。

觀十方。人在中　中無定所。即以自所立處爲中。普觀十方。不出一心所攝。可謂坐微塵裏轉大法輪矣。

人居地

據近時所測。地爲圓球。人居地面。足對地心。頭皆向外。故經中有
仰世界。覆世界。側世界之說。又測得地球。每日自轉一周。每年繞
日行一大周。而成四季之寒暑也。經云。佛坐道場。地神作證。言我
此地是金剛臍。餘方悉轉。此地不動。云云。可爲地球轉動之證。

地居空

地乃空中一彈丸耳。
人在其上。眇乎小哉。

數此地。至大千

世人所居之地。爲一世界。數此大地至一千。名爲小
千世界。又數小千至一千。名爲中千世界。又數中千
至一千。名爲大千世界。共有十萬萬大地。
通爲一佛剎。皆是釋迦佛攝化之境也。

凡聖居。各有緣

六凡以罪福因緣而居此土。四聖以慈悲因緣而居
此土。○或問經中所說他方世界無量無數。凡夫未

得天眼。亦能略窺影像乎。答曰。近時天文家所測者。可以比量而知。其說以日爲宗有多數行星。繞日而轉。地球其一也。自體無光。仗日光以爲明照。卽以此繞日之多數地球。作爲一小千世界。空中之恆星。與日相同。每一恆星。有多數地球繞之。卽是中千世界。推而至於大千世界。莫不皆然。凡地上之人目所能見者。通爲娑婆大千世界。西人謂之一星林。用最大天文鏡窺之。空中有無數星林。卽是無數大千世界。又有鏡中但見白迹。不能察知星點者。西人謂之星氣。更有極大天文鏡所不能見者。尤不可思議。經中所謂十方微塵數大千世界。可於凡夫眼中略見端倪矣。

同居土　具云凡聖同居土。卽上文所說娑婆世界是也。

方便土　具云方便有餘土。佛力所現。爲二乘休息之處。亦名化城。

實報土　具云實報莊嚴報身佛所居。三賢十聖菩薩方能見之。

寂光土　具云常寂光土。法身佛所居。菩薩隨分見於法身。漸次證入。

分四土。自台教　各宗判教不同、分土亦異。此四土。天台教所說也。

前二麤　同居土。方便土。

後二妙　實報土。寂光土。

法性土　卽理土也。爲法身所依。謂此身土。體無差別。俱非色相所攝。

淨化土　攝受一類清淨衆生。

染化土　攝受一類雜染衆生。

分三土。賢首教。如是說。從本源　法性土也。

生枝節　淨化染化二土也。

娑婆界　染化土。

極樂界　淨化土。

華藏界　華藏莊嚴世界海。乃毗盧遮那佛所攝實報無障礙土也。華藏界內。有十不可說佛刹微塵數香水海。一一海中。有一世界種。一一世界種中。有二十重世界。一一重中有無量世界。於中安住。中央世界種第十三重。極樂娑婆均在其內。

及餘界　例十方世界海無極無盡也。

界非界　依真諦說。界卽非界。

非界界　依俗諦說。非界而界。

重重涉。各無礙　入不思議解脫法門。則重重涉入。圓融無盡。皆無障礙矣。

勸學

學佛者。首在信　信為道原功德母。長養一切諸善根。

信而解　若非正解。信則不眞。

解而行　解路既通。非行莫階。

由解行。至於證　解行雙圓。可臻實證。

識次第　信解行證。四門次第。出起信論。賢首宗之。釋華嚴經。此古今不易之法也。後人不達。師心自用。不求正解。而起邪行。強制妄念。以為眞修。縱能得定。轉世便失。

辨邪正　非但佛法之外。易入邪途。卽學佛者。不閱經論。不遇明師。往往走入邪途。而不自覺。愼之愼之。

宗說通　靈光獨耀。迥脫根塵。名爲宗通。深入教海。辭辯縱橫。名爲說通。

理事融　凡夫執事而昧理。二乘見理而忘事。若知全理成事。全事卽理。則得入於圓融法界。

破我執。第一功　障道之深。無過我執。金剛經中四相。以我爲首。我相若破。四相全消。起信論顯示正義之後。卽說對治邪執。邪執謂何。卽人我執。法我執也。二執若除。二空頓顯。是爲入道之要門。

四句離

凡舉一對。便成四句。且就有無言之。若云有。是增益謗。若云無。是損減謗。若云亦有亦無。是相違謗。若云非有非無。是戲論謗。旣俱有過。故須遠離。他如一異斷常等。例此應知。

百非遣

上文四句中。每句演有。無。亦有亦無。非有非無。四句。便成十六句。十六句中。有過去。現在。未來。三世。共成四十八句。每句分已起未起。便成九十六句。幷根本四句。卽成百句。皆無實義。故云非也。由破我執之功。則四句百非。纖毫不起矣。

妄忘念消。眞性顯

眞性爲妄念所障。隱而不現。妄念若消。眞性自然顯露。此爲修行之極則也。〇上來十六句。皆就凡位解釋。若通凡聖。須分二門。先就次第門。依起信論說。信。卽十信位。解。卽十解位。亦名十住位。行。卽十行位。幷十回向位。證。卽十地位。歷位進修。須經三阿僧祇劫。方證佛果。次就圓頓門。依起信論說。若離於念。名爲得入。古德云。一念相應一念佛。念念相應念念佛。經云不歷階位。而自崇最。名之爲道。若欲知二門同異之旨。須閱大宗地玄文本論。

敍述古德

古之人。行履篤 處世純厚。

言不誑 出言誠實。

心不曲 居心正直。

守清素。如慧開。竭盡施。不積財。

梁時吳郡人。以講經名世。住揚都彭城寺。豫章太守謝譓請師講經。厚加遺䞋。晉安太守劉業。知師屢空。施錢一萬。師散給貧窮。頃刻都盡。

自潔者。如道林。入深山。遠女人。

同州人。居太白山。屢詔不出。臨終。天樂鳴空。異香盈室。

師匿跡幽巖。路絕攀躋。終身不見女人。以成其清潔之志也。

尊師者。如道安。服苦役。心自甘。

魏常山人。十二歲出家。性敏形陋。師輕視之。使服苦役。曾無怨容。讀經萬言。一日而畢。背誦無差。後遇神僧佛圖澄。深入堂奧。佛法由此大行。

孝親者。如道丕。爲養母。自忍飢

後周道丕。唐宗室也。七歲出家。年十九。長安亂作。負母入華山。値歲大饑。丕自辟穀乞食供母。

父捐軀。爲報國。不苦求。骨躍出

其父從征。歿於戰地。遵母命往收遺骸。至則白骨徧野。無從辨識。丕竭誠祝之。注想不移。有骷髏從骨中躍出。奉之歸葬。其精誠所感如此。

高尚者。如道恆。避榮命。入山深

道恆。藍田人。年二十出家。秦主姚興。欲奪其志。畀之高位。雖令羅什道碧二大德勸諭。亦不肯從。避入深山。以終老焉。

感應者。如道生。石點頭。聽講經

姓魏。鉅鹿人。爲羅什下四聖之一。時涅槃經來文未全。師獨唱一闡提人亦有佛性。衆僧以其違經而擯之。師至吳郡虎丘山。聚石爲徒。爲之講經至闡提有佛性處。師曰。如我所說。契佛心否。羣石皆點頭。後居廬山。於講經時。踞師子座而逝。

求通經。如靈辨。骨肉穿。妙義顯

後魏沙門靈辨。博通三藏。惟於華嚴不能明徹。乃入清涼山。求文殊開示。戴經行道。肉盡骨穿。忽聞空中有聲。教以研究經文。遂豁然大悟。造論一百卷。演義釋文。窮微洞奧。

冲舉者。尼淨檢。凌霄去。身冉冉

晉淨檢。本姓仲。彭城人。聞法信樂。先受十戒。同志二十四人。共立竹林寺。後受具戒。晉土有比丘尼自檢。始檢蓄徒養衆。淸雅有則。說法教化。如風靡草。至年七十。忽聞殊香芬馥。幷見赤氣。有一女人手把五色花。自空而下。檢見欣然。與衆話別。騰空而上。所行之路。有似虹蜺。直屬於天。

神解者。李通玄。華嚴論。千古傳

李長者通玄。唐宗室子也。學無常師。迹不可測。嘗遊五臺。逢異僧授以華嚴大旨。長者將著論釋經。遇一虎導至神福山下。就土龕居焉。長者夕吐白光。以代鐙炬。有二女子執侍供饌。著論畢。女子遂去。不復見。年九十六。端坐示寂。白光從頂而出。上徹於天。後人稱爲方山長者。

機捷者。靈照女。老龐公。徒延佇

唐靈照。襄陽人。龐蘊居士之女也。隨父母市鬻竹器以自活。其父將入滅。謂靈照曰。視日早晚。及午以報。靈照遽報曰。日已午矣。而有蝕也。其父避席臨窗。靈照卽據榻趺坐而逝。其父笑曰。吾女機捷矣。乃拾薪燔之。展期七日而化。

擧十德　歷擧古德十人。七比丘。一比丘尼。一居士。一女人。四衆備矣。

勵初學　以古德高風。策勵後進。

依此修。成正覺　若能效法先德。一意勤修。雖根有利鈍。證有遲速。畢竟能成無上菩提。

餘韻

三字偈

釋典中偈頌。有四字五字七字成句者。三字六字偶一見之。今以三字成句四句爲偈。凡一百八十三偈。

隨分說

就初學所應知者。約畧言之。

如風過。萬籟歇

上來衆多句義。如風起時。萬籟齊發。至此將完。如風過時。萬籟都息。此語出莊子齊物論。

非有言

眞空觀。

非無言

妙有觀。

會此意。是眞詮

空有圓融。入中道第一義諦。

佛教初學課本註解終

國家圖書館出版品預行編目資料

佛教三字經：佛教初學課本／（明）吹萬老人原著；（清）印光法師修訂；楊仁山改編. -- 1 版. --
新北市：華夏出版有限公司, 2023.10

面；　公分. --（圓明書房；021）

ISBN 978-626-7296-32-5（平裝）

1.CST：佛教

220.37　　112005663

圓明書房 021

佛教三字經：佛教初學課本

原　著　（明）吹萬老人
修　訂　（清）印光法師
改　編　楊仁山居士
印　刷　百通科技股份有限公司
　　　　電話：02-86926066　傳真：02-86926016
出　版　華夏出版有限公司
　　　　220 新北市板橋區縣民大道 3 段 93 巷 30 弄 25 號 1 樓
　　　　電話：02-32343788　傳真：02-22234544
E-mail：pftwsdom@ms7.hinet.net
總經銷　貿騰發賣股份有限公司
　　　　新北市 235 中和區立德街 136 號 6 樓
　　　　電話：02-82275988　傳真：02-82275989
　　　　網址：www.namode.com
版　次　2023 年 10 月 1 版
特　價　新台幣 220 元（缺頁或破損的書，請寄回更換）

ISBN：978-626-7296-32-5